The Sailor and the Storm And Other Bilingual Norwegian-English Stories for Beginners

Pomme Bilingual

Published by Pomme Bilingual, 2024.

THE SAILOR AND THE STORM AND OTHER BILINGUAL NORWEGIAN-ENGLISH STORIES FOR BEGINNERS

First edition. December 5, 2024.

Copyright © 2024 Pomme Bilingual.

ISBN: 979-8230511892

Written by Pomme Bilingual.

Table of Contents

En Kopp Kaffe i Oslo

Det var en kald mandag morgen i Oslo. Snøen lå som et hvitt teppe på bakken, og luften var frisk og stille. Anna, en ung kvinne med langt, brunt hår, gikk inn i en liten kafé på hjørnet av Karl Johans gate. Hun hadde på seg en tykk, grønn jakke og et rødt skjerf. Hun elsket å starte dagen med en kopp svart kaffe og litt tid til å lese.

Kafeen var liten og koselig, med trebord og store vinduer. Det luktet nybakt brød og nymalt kaffe. Anna bestilte en kopp kaffe og satte seg ved et bord ved vinduet. Hun tok fram en bok og begynte å lese.

Mens hun leste, hørte hun døren åpne. En høy mann med mørkt hår kom inn. Han hadde på seg en blå jakke og så ut som han frøs. Han gikk til disken, bestilte kaffe, og kikket rundt i kafeen. Det var få ledige plasser.

"Unnskyld," sa han og smilte til Anna. "Er det ledig her?"

"Ja, selvfølgelig," svarte Anna og la boken til side.

Mannen satte seg og tok en slurk av kaffen sin. "Det er kaldt i dag," sa han.

"Veldig kaldt," svarte Anna. "Men jeg liker vinteren i Oslo. Det er noe spesielt med snøen."

"Jeg heter Erik," sa mannen og strakte fram hånden.

"Anna," svarte hun og smilte. De håndhilste.

De begynte å snakke om været, snøen, og Oslo. Erik fortalte at han jobbet som lærer, og Anna fortalte at hun studerte kunsthistorie. Samtalen fløt lett, og de lo flere ganger.

"Tror du på tilfeldigheter?" spurte Erik plutselig.

"Hva mener du?" svarte Anna nysgjerrig.

"At vi møttes her i dag," sa han og smilte. "Hvis jeg ikke hadde gått forbi denne kafeen, hadde jeg ikke møtt deg."

Anna tenkte et øyeblikk. "Kanskje det er en grunn til at vi møttes," sa hun. "Verden er full av små tilfeldigheter."

De snakket lenge, og tiden fløy. Før de visste ordet av det, hadde de sittet i to timer.

"Jeg må gå nå," sa Anna og reiste seg. "Men det var veldig hyggelig å snakke med deg, Erik."

"Det var hyggelig å møte deg også, Anna," svarte han. "Kan vi møtes igjen?"

Anna smilte og skrev telefonnummeret sitt på en serviett. "Ring meg," sa hun.

Erik tok servietten og smilte stort. "Det skal jeg gjøre."

Anna gikk ut i den kalde Oslo-luften med et varmt smil om munnen. Hun visste at denne morgenen på kafeen var starten på noe spesielt.

A Cup of Coffee in Oslo

It was a cold Monday morning in Oslo. The snow lay like a white blanket on the ground, and the air was fresh and still. Anna, a young woman with long brown hair, stepped into a small café on the corner of Karl Johans Gate. She was wearing a thick green jacket and a red scarf. She loved starting her day with a cup of black coffee and some time to read.

The café was small and cozy, with wooden tables and large windows. The smell of freshly baked bread and freshly ground coffee filled the air. Anna ordered a cup of coffee and sat down at a table by the window. She took out a book and began to read.

As she read, she heard the door open. A tall man with dark hair entered. He was wearing a blue jacket and looked cold. He walked to the counter, ordered coffee, and glanced around the café. There were few empty seats.

"Excuse me," he said, smiling at Anna. "Is this seat taken?"

"No, of course not," Anna replied, putting her book aside.

The man sat down and took a sip of his coffee. "It's cold today," he said.

"Very cold," Anna agreed. "But I like winter in Oslo. There's something special about the snow."

"My name's Erik," the man said, reaching out his hand.

"Anna," she replied with a smile. They shook hands.

They began talking about the weather, the snow, and Oslo. Erik mentioned that he worked as a teacher, and Anna shared that she was studying art history. The conversation flowed easily, and they laughed several times.

"Do you believe in coincidences?" Erik asked suddenly.

"What do you mean?" Anna asked curiously.

"That we met here today," he said, smiling. "If I hadn't walked past this café, I wouldn't have met you."

Anna thought for a moment. "Maybe there's a reason we met," she said. "The world is full of little coincidences."

They talked for a long time, and time flew by. Before they knew it, two hours had passed.

"I have to go now," Anna said, standing up. "But it was very nice talking to you, Erik."

"It was nice meeting you too, Anna," he replied. "Can we meet again?"

Anna smiled and wrote her phone number on a napkin. "Call me," she said.

Erik took the napkin and smiled widely. "I will."

Anna stepped out into the cold Oslo air with a warm smile on her face. She knew that this morning at the café was the beginning of something special.

Fiskeren og Fjorden

Det var tidlig morgen. Solen hadde akkurat begynt å stige over fjorden. Lyset reflekterte på det stille vannet, og alt var rolig. Lars, en gammel fisker, satt i båten sin. Han hadde en tykk ullgenser og en slitt lue på hodet. Hendene hans var grove og sterke etter mange år på sjøen.

Lars elsket fjorden. Den var både vakker og farlig. Noen dager var vannet rolig som i dag. Andre dager var bølgene høye og vinden sterk. Men Lars kjente fjorden. Han visste hvor fisken var og hvor han måtte være forsiktig.

Han kastet ut garnet sitt og satte seg for å vente. Det var stille, bare lyden av vannet som klukket mot båten. Lars likte denne stillheten. Her ute kunne han tenke.

Han så opp på fjellene rundt fjorden. De var høye og dekket av snø på toppen. Han tenkte på faren sin, som hadde lært ham å fiske da han var gutt. "Fjorden gir oss fisk," hadde faren sagt, "men vi må respektere den."

Lars smilte. Han visste at faren hadde rett. Fjorden hadde gitt familien hans mat og inntekt i mange år. Men den hadde også tatt liv. Lars husket dagen da vennen hans, Olav, forsvant i en storm.

"Du er både venn og fiende," sa Lars stille til fjorden.

Han kjente et rykk i garnet. Fisken hadde bitt. Lars reiste seg sakte og begynte å trekke garnet inn. Det var tungt, og hendene hans jobbet rolig og sikkert. En stor torsk kom opp fra vannet.

"Du er en fin en," sa Lars og smilte.

Han la fisken i båten og kastet garnet ut igjen. Han visste at han måtte være tålmodig. Fjorden bestemte hvor mye fisk han fikk.

Solen steg høyere, og lyset på vannet ble skarpere. Lars tok fram nistepakken sin. Han spiste brødskiver med ost og drakk kaffe fra en termos. Livet var enkelt her ute, men det var godt.

Da garnet var fullt, rodde Lars tilbake til land. Han kjente trettheten i armene, men også en ro i hjertet. Han så mot fjorden en siste gang før han gikk hjemover.

"Vi sees i morgen," sa han.

Fjorden lå stille, som om den svarte ham.

The Fisherman and the Fjord

I t was early morning. The sun had just begun to rise over the fjord. Light reflected off the calm water, and everything was peaceful. Lars, an old fisherman, sat in his boat. He wore a thick wool sweater and a worn-out cap. His hands were rough and strong from years spent at sea.

Lars loved the fjord. It was both beautiful and dangerous. Some days, the water was calm, like today. Other days, the waves were high, and the wind was fierce. But Lars knew the fjord well. He knew where to find fish and where to be cautious.

He cast his net and sat down to wait. It was quiet, with only the sound of the water lapping against the boat. Lars enjoyed this stillness. Out here, he could think.

He looked up at the mountains surrounding the fjord. They were tall, with snow-covered peaks. He thought about his father, who had taught him to fish when he was a boy. "The fjord gives us fish," his father had said, "but we must respect it."

Lars smiled. He knew his father was right. The fjord had provided his family with food and income for many years. But it had also taken lives. Lars remembered the day his friend, Olav, disappeared in a storm.

"You are both a friend and a foe," Lars said quietly to the fjord.

He felt a tug on the net. A fish had bitten. Lars stood up slowly and began pulling in the net. It was heavy, and his hands worked steadily and confidently. A large cod emerged from the water.

"You're a fine one," Lars said with a smile.

He placed the fish in the boat and cast the net again. He knew he had to be patient. The fjord decided how much fish he would catch.

The sun climbed higher, and the light on the water grew brighter. Lars took out his lunch. He ate slices of bread with cheese and drank coffee from a thermos. Life out here was simple, but it was good.

When the net was full, Lars rowed back to shore. His arms ached with fatigue, but his heart felt calm. He glanced back at the fjord one last time before heading home.

"See you tomorrow," he said.

The fjord lay still, as if answering him.

Hytta i Skogen

Det var en kald vinterdag da Nora og Jonas ankom hytta i skogen. Snøen dekket bakken, og trærne sto høye og mørke rundt dem. Hytta var liten og gammel, med en stor, rød dør og et lite vindu.

"Den er perfekt," sa Nora og smilte. Hun likte å være ute i naturen, langt borte fra byen.

"Den er... litt skummel," sa Jonas og så på de mørke skyggene i skogen.

De bar inn bagasjen og tente en ild i peisen. Snart var hytta varm og koselig. Nora satte seg i en stol med en bok, mens Jonas kokte kaffe på ovnen.

"Vet du hva?" sa Jonas. "Jeg har hørt at denne hytta har en historie."

"Hvilken historie?" spurte Nora nysgjerrig.

"Det sies at en gammel mann bodde her for lenge siden. Han forsvant plutselig, og ingen vet hvorfor."

Nora lo. "Jonas, du tror alltid på slike historier."

"Men det er sant!" svarte han.

Ute begynte det å snø igjen, og vinden blåste gjennom trærne. Det laget en uhyggelig lyd.

Senere den kvelden fant Nora en liten boks under sengen. Den var laget av tre og hadde en gammel nøkkel på toppen.

"Se hva jeg fant!" ropte hun til Jonas.

Han kom bort og så på boksen. "Hva tror du er inni?" spurte han.

"Vi får se," sa Nora og åpnet den. Inne i boksen var et gammelt brev og et kart.

"Et kart?" sa Jonas. "Hva viser det?"

Kartet viste et sted i skogen, ikke langt fra hytta. På brevet sto det:

"Hvis du finner dette, følg kartet. Men vær forsiktig."

"Dette er spennende!" sa Nora.

"Jeg vet ikke," sa Jonas og så ut av vinduet. "Det er mørkt, og skogen ser farlig ut."

"Vi kan gå i morgen," foreslo Nora.

Neste morgen pakket de en sekk med mat, vann og en lommelykt. De fulgte kartet inn i skogen. Snøen var dyp, og trærne sto tett. Det var stille, bortsett fra lyden av vinden.

"Jeg tror vi er framme," sa Nora etter en stund. De sto foran en stor stein. På kartet var det en X som markerte stedet.

"Men det er ingenting her," sa Jonas.

Nora så seg rundt og oppdaget noe rart. En liten metallring stakk opp fra snøen. Hun dro i den, og en liten dør i bakken åpnet seg.

"Ingen nevnte dette!" sa Jonas og kikket ned.

De gikk forsiktig ned i det mørke rommet. Inne var det hyller fulle av gamle bøker, lysestaker og bilder. Et bilde viste en mann med langt, hvitt skjegg.

"Er det den gamle mannen?" hvisket Jonas.

Plutselig blåste vinden sterkt, og døren over dem smalt igjen. Nora og Jonas hoppet.

"Vi må ut herfra!" sa Jonas.

De kom seg ut og løp tilbake til hytta. Hjertene deres banket hardt.

"Jeg tror jeg har fått nok eventyr for i dag," sa Jonas.

Nora nikket, men hun smilte. "Hytta i skogen er full av hemmeligheter," sa hun.

Ute falt snøen stille, og skogen var igjen rolig. Men Nora visste at de aldri ville glemme det de fant.

The Cabin in the Forest

It was a cold winter day when Nora and Jonas arrived at the cabin in the forest. Snow covered the ground, and tall, dark trees surrounded them. The cabin was small and old, with a large red door and a tiny window.

"It's perfect," said Nora with a smile. She loved being out in nature, far away from the city.

"It's... a bit creepy," said Jonas, eyeing the dark shadows in the forest.

They carried their bags inside and lit a fire in the fireplace. Soon, the cabin was warm and cozy. Nora settled into a chair with a book while Jonas made coffee on the stove.

"You know what?" Jonas said. "I've heard this cabin has a story."

"What kind of story?" Nora asked curiously.

"They say an old man lived here a long time ago. He vanished one day, and no one knows why."

Nora laughed. "Jonas, you always believe those kinds of stories."

"But it's true!" he insisted.

Outside, snow began to fall again, and the wind whistled through the trees, making an eerie sound.

Later that evening, Nora found a small box under the bed. It was made of wood and had an old key on top.

"Look what I found!" she called to Jonas.

He came over and stared at the box. "What do you think is inside?" he asked.

"Let's find out," said Nora as she opened it. Inside were an old letter and a map.

"A map?" said Jonas. "What does it show?"

The map marked a spot in the forest, not far from the cabin. The letter read:

"If you find this, follow the map. But be careful."

"This is exciting!" said Nora.

"I'm not so sure," said Jonas, glancing out the window. "It's dark, and the forest looks dangerous."

"We can go in the morning," Nora suggested.

The next morning, they packed a bag with food, water, and a flashlight. Following the map, they ventured into the forest. The snow was deep, and the trees stood close together. It was quiet except for the sound of the wind.

"I think we're here," said Nora after a while. They stood before a large rock. On the map, an X marked the spot.

"But there's nothing here," said Jonas.

Nora looked around and noticed something strange. A small metal ring was sticking out of the snow. She pulled on it, and a hidden door in the ground opened.

"Nobody mentioned this!" said Jonas, peering inside.

They carefully climbed down into the dark room. Inside were shelves filled with old books, candlesticks, and photographs. One photo showed a man with a long, white beard.

"Is that the old man?" Jonas whispered.

Suddenly, the wind howled fiercely, and the door above them slammed shut. Nora and Jonas jumped.

"We need to get out of here!" said Jonas.

They scrambled out and ran back to the cabin, their hearts pounding.

"I think I've had enough adventure for one day," said Jonas.

Nora nodded but smiled. "The cabin in the forest is full of secrets," she said.

Outside, the snow fell quietly, and the forest was peaceful once more. But Nora knew they would never forget what they had found.

Tor og den Store Avtalen

Tor var en selger i Bergen. Han solgte alt fra støvsugere til kaffemaskiner, og han var flink til jobben sin. Tor likte å snakke med folk, og han hadde alltid en morsom kommentar på lur.

En dag fikk han en telefon fra en mann som het Bjørn.

"Jeg trenger en stor kaffemaskin til kontoret mitt," sa Bjørn. "Kan du hjelpe meg?"

"Selvfølgelig!" svarte Tor. "Jeg har den beste kaffemaskinen du kan få i hele Bergen!"

"Flott," sa Bjørn. "Møt meg i morgen klokka to på *Grand Hotel*."

Neste dag tok Tor på seg sin beste dress og polerte skoene sine. Han ville gjøre et godt inntrykk. Da han kom til *Grand Hotel*, satt Bjørn ved et bord med en kopp kaffe.

"Tor, hyggelig å møte deg," sa Bjørn og strakte fram hånden.

"Hyggelig å møte deg også," svarte Tor med et stort smil.

De satte seg, og Tor begynte å snakke om kaffemaskinen.

"Den kan lage espresso, cappuccino og latte," sa han entusiastisk. "Den er rask, stillegående og lett å bruke."

Bjørn så litt forvirret ut. "Ja vel... men hva med prisen?"

Tor nikket. "Den koster 12 000 kroner, men jeg kan gi deg rabatt."

Bjørn lente seg tilbake i stolen og lo. "12 000 kroner? Det høres litt billig ut."

Tor ble forvirret. "Billig? Dette er en veldig god maskin!"

"Vi snakker ikke om en kaffemaskin," sa Bjørn plutselig.

Tor blunket. "Hva mener du?"

"Jeg trodde vi snakket om eiendommen i sentrum," svarte Bjørn. "Jeg trenger en selger til å hjelpe meg med å selge bygget mitt."

Tor begynte å le. "Så du vil ikke ha en kaffemaskin?"

Bjørn lo også. "Nei, jeg trenger en eiendomsmekler!"

De begge lo så høyt at folk på hotellet snudde seg og så på dem.

"Vel," sa Tor og smilte, "jeg kan selge hva som helst. Kaffemaskiner, biler... kanskje til og med eiendommer!"

Bjørn lo igjen. "Du er morsom, Tor. Kanskje du faktisk kan hjelpe meg."

De ble sittende og snakke i over en time. Tor fortalte om sine erfaringer som selger, og Bjørn likte hva han hørte.

"Greit," sa Bjørn til slutt. "Jeg gir deg en sjanse. Hjelp meg med å selge bygget mitt."

Tor smilte stort. "Det er en avtale!"

Da Tor dro fra hotellet, tenkte han for seg selv: *Dette er den merkeligste dagen i min karriere.*

Og selv om han aldri solgte kaffemaskinen til Bjørn, var det starten på noe helt nytt for Tor.

Thor and the Big Deal

Thor was a salesman in Bergen. He sold everything from vacuum cleaners to coffee machines and was great at his job. Thor loved talking to people and always had a funny comment ready.

One day, he got a phone call from a man named Bjorn.

"I need a big coffee machine for my office," said Bjorn. "Can you help me?"

"Of course!" answered Thor. "I have the best coffee machine you can find in all of Bergen!"

"Great," said Bjorn. "Meet me tomorrow at two o'clock at the *Grand Hotel*."

The next day, Thor put on his best suit and polished his shoes. He wanted to make a good impression. When he arrived at the *Grand Hotel*, Bjorn was sitting at a table with a cup of coffee.

"Thor, nice to meet you," said Bjorn, reaching out his hand.

"Nice to meet you too," Thor replied with a big smile.

They sat down, and Thor started talking about the coffee machine.

"It can make espresso, cappuccino, and latte," he said enthusiastically. "It's fast, quiet, and easy to use."

Bjorn looked a little confused. "I see... but what about the price?"

Thor nodded. "It costs 12,000 kroner, but I can give you a discount."

Bjorn leaned back in his chair and laughed. "12,000 kroner? That sounds a bit cheap."

Thor was puzzled. "Cheap? This is a very good machine!"

"We're not talking about a coffee machine," Bjorn said suddenly.

Thor blinked. "What do you mean?"

"I thought we were talking about the property downtown," Bjorn replied. "I need a salesperson to help me sell my building."

Thor started laughing. "So, you don't want a coffee machine?"

Bjorn laughed too. "No, I need a real estate agent!"

They both laughed so loudly that people at the hotel turned to look at them.

"Well," said Thor with a grin, "I can sell anything. Coffee machines, cars... maybe even buildings!"

Bjorn laughed again. "You're funny, Thor. Maybe you really can help me."

They stayed and talked for over an hour. Thor shared stories about his experience as a salesman, and Bjorn liked what he heard.

"Alright," said Bjorn finally. "I'll give you a chance. Help me sell my building."

Thor beamed. "It's a deal!"

As Thor left the hotel, he thought to himself: *This is the strangest day of my career.*

And even though he never sold the coffee machine to Bjorn, it was the beginning of something completely new for Thor.

En Kveld på Teatret

———

Det var en kald vinterkveld i Trondheim. Snøen falt stille utenfor vinduene til det gamle teateret i byen. Inne var det varmt, og luften var fylt med lyden av stemmer, latter og fottrinn. Skuespillerne øvde på en ny forestilling som skulle ha premiere om en uke.

"Lysene må være sterkere her!" ropte regissøren, Ingrid, fra salen. Hun satt på en stol med et manus i hånden og en kopp te ved siden av seg. "Og dere må huske replikkene deres!"

På scenen sto Johan, en høy og tynn mann i en gammel frakk. Han spilte rollen som en detektiv. Ved siden av ham sto Sara, en ung skuespiller som var ny i teatergruppen. Hun så nervøst på manuskriptet sitt.

"Johan," sa Ingrid, "du må si replikkene dine med mer følelse. Du er en detektiv som har funnet ut en stor hemmelighet. Vis det!"

Johan sukket. "Jeg prøver, Ingrid, men teksten er vanskelig."

"Den er ikke vanskelig," sa Ingrid strengt. "Prøv igjen!"

Sara hvisket til Johan: "Det går bra. Du klarer det."

Johan smilte svakt og begynte på nytt: "Jeg vet hva du gjorde... og jeg kommer til å avsløre sannheten!"

Ingrid klappet i hendene. "Bedre! Nå, Sara, det er din tur."

Mens Sara begynte å lese sine replikker, hørte de en høy lyd fra bak scenen. Alle snudde seg. Det var Erik, en annen skuespiller, som hadde mistet en stol.

"Erik!" ropte Ingrid. "Hva gjør du?"

"Jeg lette etter hatten min," svarte Erik, tydelig irritert. "Noen har tatt den!"

"Vi har ikke tid til dette," sa Ingrid. "Kom deg tilbake på plass."

"Det er alltid rot her," mumlet Erik, men han gjorde som han ble bedt om.

Mens de andre fortsatte å øve, satt Nina, teaterets kostymedesigner, i et hjørne og sydde på en jakke. Hun ristet på hodet og hvisket til seg selv: "Disse skuespillerne lager alltid drama, både på scenen og bak den."

Ved siden av henne sto Espen, lysmesteren. Han justerte en lampe og sa: "Vel, det er derfor vi elsker teater, ikke sant?"

Nina lo. "Kanskje det. Men noen ganger er det mer kaos her enn i selve forestillingen!"

Da kvelden nærmet seg slutten, sto alle sammen på scenen for en siste gjennomgang. Johan og Sara leverte replikkene sine perfekt, og Erik fant endelig hatten sin. Ingrid satt i salen og så fornøyd ut.

"Dette blir bra," sa hun. "Vi er ikke klare ennå, men vi er på vei."

Skuespillerne smilte, selv om de var slitne. Teater var hardt arbeid, men de elsket det.

Da de gikk hjem den kvelden, falt snøen fortsatt over Trondheim. Og inne i teateret sto scenen klar, ventende på neste kveld med øving.

27

An Evening at the Theatre

It was a cold winter evening in Trondheim. Snow fell silently outside the windows of the city's old theatre. Inside, it was warm, and the air buzzed with the sounds of voices, laughter, and footsteps. The actors were rehearsing a new play set to premiere in a week.

"The lights need to be brighter here!" shouted the director, Ingrid, from the audience seats. She sat on a chair with a script in one hand and a cup of tea beside her. "And you all need to remember your lines!"

On stage stood Johan, a tall and thin man in an old coat. He was playing the role of a detective. Next to him was Sara, a young actress new to the theatre group. She nervously glanced at her script.

"Johan," said Ingrid, "you need to deliver your lines with more emotion. You're a detective who's uncovered a big secret. Show it!"

Johan sighed. "I'm trying, Ingrid, but the lines are hard."

"They're not hard," Ingrid said sternly. "Try again!"

Sara whispered to Johan, "It's okay. You can do it."

Johan gave a faint smile and started again: "I know what you did… and I'm going to reveal the truth!"

Ingrid clapped her hands. "Better! Now, Sara, it's your turn."

As Sara began to deliver her lines, a loud noise came from backstage. Everyone turned to look. It was Erik, another actor, who had dropped a chair.

"Erik!" shouted Ingrid. "What are you doing?"

"I was looking for my hat," Erik replied, clearly annoyed. "Someone took it!"

"We don't have time for this," Ingrid said. "Get back in place."

"It's always a mess here," muttered Erik, but he did as he was told.

While the others continued rehearsing, Nina, the theatre's costume designer, sat in a corner sewing a jacket. She shook her head and whispered to herself, "These actors create drama both on and off the stage."

Next to her was Espen, the lighting technician. He adjusted a lamp and said, "Well, that's why we love theatre, isn't it?"

Nina laughed. "Maybe so. But sometimes there's more chaos back here than in the actual performance!"

As the evening drew to a close, everyone gathered on stage for one last run-through. Johan and Sara delivered their lines perfectly, and Erik finally found his hat. Ingrid sat in the audience looking pleased.

"This is going to be good," she said. "We're not ready yet, but we're getting there."

The actors smiled, even though they were tired. Theatre was hard work, but they loved it.

As they walked home that night, the snow continued to fall over Trondheim. And inside the theatre, the stage stood ready, waiting for the next evening's rehearsal.

Bussen til Nordkapp

Det var en kald morgen i Tromsø. Snøen lå tykk på bakken, og himmelen var lys grå. En gruppe reisende sto ved bussholdeplassen med bagasjen sin. De skulle til Nordkapp, Europas nordligste punkt, med buss.

Sjåføren, en eldre mann med hvitt skjegg, het Lars. Han smilte og sa: "Velkommen om bord! Sett dere hvor dere vil. Vi har en lang tur foran oss."

Inne i bussen var det varmt. Alle fant setene sine og begynte å pakke ut tepper, matpakker og kameraer.

Ved vinduet satt Anna, en ung student fra Tyskland. Hun hadde en notatbok i fanget. Ved siden av henne satt Per, en norsk pensjonist med en stor ryggsekk.

"Er dette første gang du drar til Nordkapp?" spurte Per.

"Ja," svarte Anna og smilte. "Jeg har alltid drømt om å se nordlyset."

"Lykke til," sa Per. "Jeg har vært der flere ganger. Det er vakkert, men kaldt!"

Bussen begynte å kjøre. Utenfor kunne de se fjorder, snødekte fjell og små hus. Lars tok mikrofonen og sa: "Vi har fem timer til Nordkapp. Kanskje noen vil dele historier for å gjøre turen hyggeligere?"

En mann i midten av bussen reiste seg. Han het Ahmed og kom fra Egypt. "Jeg har aldri sett snø før jeg kom hit," sa han. "I Egypt er det bare sol og varme."

Alle lo, og Ahmed fortalte om sitt første møte med snø. "Jeg prøvde å lage en snømann, men det gikk ikke bra!" sa han og lo.

Anna fortalte om studiene sine i Norge, og Per fortalte om å fiske torsk i Lofoten. Flere passasjerer begynte også å dele sine historier.

Etter tre timer måtte bussen stoppe. En elg sto midt i veien!

"Se der!" ropte Lars. "En ekte norsk elg."

Alle tok opp kameraene sine og tok bilder. Elgen så rolig på bussen før den sakte gikk tilbake til skogen.

"Det var noe å skrive om," sa Anna og skrev raskt i notatboken sin.

Da de nærmet seg Nordkapp, begynte himmelen å klare opp. Solen var lav og oransje, og landskapet var dekket av et magisk lys.

"Det er enda vakrere enn jeg trodde," sa Ahmed og stirret ut av vinduet.

"Vi er nesten framme," sa Lars. "Hold kameraene klare!"

Da bussen endelig stoppet ved Nordkapp, gikk alle ut. Det var kaldt og stille, og havet foran dem var mørkt og uendelig.

Anna skrev: *En reise til Nordkapp er mer enn en tur. Det er historier, vennskap og minner.*

The Bus to Nordkapp

It was a cold morning in Tromsø. The snow lay thick on the ground, and the sky was light gray. A group of travelers stood at the bus stop with their luggage. They were heading to Nordkapp, the northernmost point in Europe, by bus.

The driver, an older man with a white beard named Lars, smiled and said, "Welcome aboard! Sit wherever you like. We've got a long journey ahead of us."

Inside the bus, it was warm. Everyone found their seats and unpacked blankets, snacks, and cameras.

By the window sat Anna, a young student from Germany. She had a notebook on her lap. Next to her sat Per, a retired Norwegian man with a large backpack.

"Is this your first time going to Nordkapp?" Per asked.

"Yes," Anna replied with a smile. "I've always dreamed of seeing the northern lights."

"Good luck," Per said. "I've been there many times. It's beautiful but cold!"

The bus began to move. Outside, they saw fjords, snow-covered mountains, and small houses. Lars took the microphone and said, "We've got five hours to Nordkapp. Maybe someone wants to share stories to make the trip more enjoyable?"

A man in the middle of the bus stood up. His name was Ahmed, and he was from Egypt. "I'd never seen snow before coming here," he said. "In Egypt, it's always sun and heat."

Everyone laughed as Ahmed shared his first experience with snow. "I tried to build a snowman, but it didn't go well!" he said, laughing.

Anna talked about her studies in Norway, and Per shared stories about fishing for cod in Lofoten. Other passengers began sharing their stories too.

After three hours, the bus had to stop. A moose was standing in the middle of the road!

"Look there!" Lars shouted. "A real Norwegian moose."

Everyone grabbed their cameras and started taking pictures. The moose stared calmly at the bus before slowly walking back into the forest.

"That's something to write about," Anna said, quickly jotting notes in her notebook.

As they got closer to Nordkapp, the sky began to clear. The sun was low and orange, casting a magical glow over the landscape.

"It's even more beautiful than I imagined," Ahmed said, gazing out the window.

"We're almost there," Lars said. "Get your cameras ready!"

When the bus finally stopped at Nordkapp, everyone stepped outside. It was cold and quiet, and the ocean stretched out dark and endless before them.

Anna wrote: *A journey to Nordkapp is more than just a trip. It's stories, friendships, and memories.*

Den Siste Postmannen

———

Olav var den eneste postmannen i den lille kystbyen Reine. Hver morgen, uansett vær, syklet han langs de smale veiene med vesken full av brev. I 40 år hadde han levert post til byens folk, men i dag var hans siste arbeidsdag.

Solen steg sakte opp over fjellene, og havet lå stille. Olav tok på seg den blå uniformen for siste gang. Vesken hans var lettere enn vanlig i dag – bare noen få brev og en pakke.

Han satte seg på sykkelen og begynte ruten sin. Veien førte ham forbi små røde og hvite hus, en gammel brygge og en liten butikk.

Mens han syklet, tenkte Olav på menneskene han hadde møtt gjennom årene.

Han husket fru Hansen, som alltid ventet på brev fra barnebarna sine i Oslo. "Takk, Olav," pleide hun å si. "Du bringer glede til huset mitt."

Han husket også unge Emil, som alltid løp ut for å hente brevene selv. "Er det noe fra fotballklubben?" spurte Emil alltid.

Olav smilte for seg selv. Han hadde vært en del av livene deres, selv om han bare leverte brev.

Første stopp for dagen var hos fru Berg, en eldre kvinne som bodde i et lite hus ved havet.

"God morgen, fru Berg," sa Olav og rakte henne et brev.

"God morgen, Olav," svarte hun. "Jeg hørte at du pensjonerer deg i dag."

"Ja," sa Olav. "Dette er min siste rute."

"Vel," sa fru Berg, "jeg vil savne deg. Du er alltid så pålitelig."

Olav nikket og smilte. "Takk, fru Berg. Jeg vil savne dette også."

Den siste pakken skulle til familien Larsen, som bodde i et lite hus oppe på en bakke. Da Olav leverte pakken, kom hele familien ut.

"Olav!" ropte de. "Vi har en overraskelse til deg."

De ga ham en liten kake med ordene: *Takk for alt!* skrevet på toppen.

Olav ble rørt. "Tusen takk," sa han. "Dere er for snille."

Da Olav syklet tilbake til postkontoret for siste gang, følte han seg både trist og glad. Han hadde elsket jobben sin, men nå ventet en ny fase i livet.

Han stoppet ved bryggen og så ut over havet. Brev og pakker hadde vært hans liv, men det var menneskene som hadde gjort jobben spesiell.

"Dette er ikke slutten," sa Olav til seg selv. "Det er bare en ny begynnelse."

Og med det syklet han videre, med hjertet fullt av minner fra et liv som postmann.

The Last Postman

Olav was the only postman in the small coastal town of Reine. Every morning, no matter the weather, he cycled along the narrow roads with his bag full of letters. For 40 years, he had delivered mail to the townspeople, but today was his last day of work.

The sun slowly rose over the mountains, and the sea lay still. Olav put on his blue uniform for the last time. His bag was lighter than usual today—just a few letters and one package.

He got on his bicycle and started his route. The road took him past small red and white houses, an old dock, and a little shop.

As he cycled, Olav thought about the people he had met over the years.

He remembered Mrs. Hansen, who always waited for letters from her grandchildren in Oslo. "Thank you, Olav," she would say. "You bring joy to my home."

He also remembered young Emil, who always ran out to collect the mail himself. "Is there anything from the football club?" Emil would always ask.

Olav smiled to himself. He had been part of their lives, even if only by delivering letters.

The first stop of the day was at Mrs. Berg's, an older woman who lived in a small house by the sea.

"Good morning, Mrs. Berg," Olav said, handing her a letter.

"Good morning, Olav," she replied. "I heard you're retiring today."

"Yes," Olav said. "This is my last route."

"Well," said Mrs. Berg, "I'll miss you. You've always been so reliable."

Olav nodded and smiled. "Thank you, Mrs. Berg. I'll miss this too."

The final package was for the Larsen family, who lived in a small house on a hill. When Olav delivered the package, the whole family came out.

"Olav!" they called. "We have a surprise for you."

They handed him a small cake with the words *Thank You for Everything!* written on top.

Olav was touched. "Thank you so much," he said. "You're too kind."

As Olav cycled back to the post office for the last time, he felt both sad and happy. He had loved his job, but now a new phase of life awaited him.

He stopped by the dock and looked out over the sea. Letters and packages had been his life, but it was the people who had made the job special.

"This isn't the end," Olav said to himself. "It's just a new beginning."

And with that, he cycled on, his heart full of memories from a life as a postman.

Sjømannen og Stormen

Marius var en ung sjømann fra Stavanger. Han jobbet på en liten fiskebåt som het *Havvinden*. Selv om han bare var 22 år gammel, hadde han allerede seilt på havet i flere år. Han elsket havet – dets ro og dets styrke.

Men denne vinteren var annerledes. Stormene på Nordsjøen var kraftigere enn vanlig. Fiskerne i byen snakket om den sterke vinden og de store bølgene.

"Er du klar, Marius?" spurte kaptein Lars en morgen. "Vi drar ut i dag."

"Jeg er klar," svarte Marius bestemt.

Havvinden forlot havnen tidlig på morgenen. Bølgene var allerede høye, og vinden blåste hardt. Marius holdt fast i rekkverket mens båten gynget.

"Dette er bare begynnelsen," sa kapteinen. "Vi må være forsiktige."

Marius nikket. Han kjente vinden i ansiktet og hørte lyden av bølgene som slo mot båten.

Etter noen timer på havet begynte stormen for alvor. Himmelen ble mørk, og regnet pisket mot båten. Bølgene var så høye at båten nesten forsvant mellom dem.

"Hold deg fast!" ropte kaptein Lars.

Marius klamret seg til båten mens vinden hylte. Han var redd, men han visste at han måtte være sterk.

"Vi må redde garnene!" ropte kapteinen.

Marius gikk ut på dekk, selv om vinden prøvde å kaste ham overbord. Han jobbet raskt for å sikre garnene. Fingrene hans var kalde, men han nektet å gi opp.

En stor bølge slo inn over båten. Marius mistet balansen og falt, men han klarte å holde fast i et tau. Hjertet hans banket hardt.

"Kom deg inn, Marius!" ropte kapteinen.

Marius kravlet tilbake til sikkerhet inne i båten. Han var våt og iskald, men han var fortsatt med.

"Du er modig," sa kapteinen og klappet ham på skulderen.

Etter mange timer begynte vinden å avta. Himmelen lysnet, og bølgene ble mindre.

"Vi klarte det," sa kapteinen.

Marius så ut over havet. Det var fortsatt vilt, men det var også vakkert.

"Dette var den tøffeste turen jeg har hatt," sa han.

"Og du klarte det," svarte kapteinen. "Du er en ekte sjømann nå."

Da *Havvinden* kom tilbake til havnen, ventet folk på dem. Marius følte seg sliten, men stolt. Han hadde overlevd stormen, og han hadde vist sitt mot.

Den dagen lærte Marius at havet var både farlig og fantastisk, og at han kunne møte selv de største utfordringer.

49

The Sailor and the Storm

Marius was a young sailor from Stavanger. He worked on a small fishing boat called *Havvinden*. Even though he was only 22 years old, he had already sailed the seas for several years. He loved the sea – its calm and its power.

But this winter was different. The storms in the North Sea were stronger than usual. The fishermen in the town talked about the strong winds and the huge waves.

"Are you ready, Marius?" asked Captain Lars one morning. "We're heading out today."

"I'm ready," Marius replied confidently.

Havvinden left the harbor early in the morning. The waves were already high, and the wind blew hard. Marius held onto the railing as the boat rocked.

"This is just the beginning," said the captain. "We must be careful."

Marius nodded. He felt the wind on his face and heard the sound of the waves crashing against the boat.

After a few hours at sea, the storm began in full force. The sky turned dark, and the rain lashed against the boat. The waves were so high that the boat almost disappeared between them.

"Hold on!" Captain Lars shouted.

Marius clung to the boat as the wind howled. He was scared, but he knew he had to be strong.

"We need to save the nets!" the captain shouted.

Marius went out onto the deck, even though the wind tried to throw him overboard. He worked quickly to secure the nets. His fingers were cold, but he refused to give up.

A huge wave hit the boat. Marius lost his balance and fell, but he managed to hold onto a rope. His heart raced.

"Get inside, Marius!" Captain Lars shouted.

Marius crawled back to safety inside the boat. He was wet and cold, but he was still there.

"You're brave," the captain said, patting him on the shoulder.

After many hours, the wind began to die down. The sky cleared, and the waves grew smaller.

"We did it," said the captain.

Marius looked out over the sea. It was still wild, but it was also beautiful.

"This was the toughest trip I've had," he said.

"And you made it," replied the captain. "You're a real sailor now."

When *Havvinden* returned to the harbor, people were waiting for them. Marius felt tired, but proud. He had survived the storm, and he had shown his courage.

That day, Marius learned that the sea was both dangerous and amazing, and that he could face even the greatest challenges.

53

Festivalen i Lillevik

Lillevik var en liten by ved sjøen, kjent for sin årlige sommerfestival. Festivalen var alltid full av glede, musikk og mat, men også litt kaos.

I år var festivalen spesielt viktig fordi det var 50-årsjubileum for første gang festivalen ble arrangert. Byens folk jobbet hardt for å gjøre festivalen perfekt, men som alltid, var det noen problemer.

Helga, som var festivalens leder, var stresset. "Vi trenger flere frivillige!" ropte hun. Hun hadde allerede vært oppe i flere timer og hadde en stor liste over ting som måtte gjøres.

"Det er så mye å gjøre!" sa hun til Tom, som var ansvarlig for matboderne. "Er alt klart?"

Tom, som elsket mat, var opptatt med å forberede de beste pølsene i byen. "Ja, ja," svarte han, "men vi har et lite problem med grillen. Den vil ikke starte."

Helga sukket. "Vi har bare to dager til festivalen!"

Da lørdag morgen kom, var Lillevik fylt med folk som var klare for festivalen. Boder med håndverk, mat og leker var satt opp langs den lille gaten. Musikk spilte fra høyttalere, og duften av grillmat fylte luften.

Men det var også problemer. Den store scenen for bandene kollapset plutselig! "Hva skjer?" ropte Helga. "Er scenen i orden?"

Lars, som var ansvarlig for scenen, ristet på hodet. "Det er en liten teknisk feil," sa han. "Men vi fikser det."

Festivalen begynte, men snart kom flere problemer. Først mistet karusellen strømmen. Deretter forlot hundene som var med i hundeparaden, og løp rundt i hele byen!

"Vi har ikke tid til dette," ropte Helga. "Hvor er alle frivillige?"

Tom kom løpende med en stor grill. "Jeg har pølsene! Men grillen er fortsatt ute av kontroll."

Folk lo og ristet på hodene. Men til tross for alle problemene, hadde festivalen en merkelig sjarm.

Da kvelden kom, var det et festlig lys over byen. Folk danset til musikken, og matboderne var fylt med glade mennesker som spiste og drakk. Selv om alt ikke gikk som planlagt, var det en fantastisk stemning.

Helga satte seg ned på en benk, utmattet men lykkelig. "Det har vært kaotisk," sa hun til Tom. "Men det har vært gøy."

Tom smilte. "Ja, det er alltid noe som går galt. Men det er det som gjør festivalen i Lillevik spesiell."

På slutten av kvelden samlet alle seg på torget. Helga og de andre arrangørene takket alle som hadde hjulpet til.

"Neste år," sa Helga med et smil, "skal vi kanskje ha færre pølser og flere frivillige!"

Alle lo, og festivalen ble avsluttet med et stort fyrverkeri over havet. Lillevik hadde hatt sin beste festival, selv om den hadde vært full av kaos og latter.

The Festival in Lillevik

Lillevik was a small town by the sea, known for its annual summer festival. The festival was always full of joy, music, and food, but also a bit of chaos.

This year, the festival was especially important because it was the 50th anniversary of the first festival ever held. The people of the town worked hard to make the festival perfect, but as always, there were a few problems.

Helga, who was in charge of the festival, was stressed. "We need more volunteers!" she shouted. She had already been up for hours and had a long list of things that needed to be done.

"There's so much to do!" she said to Tom, who was in charge of the food stalls. "Is everything ready?"

Tom, who loved food, was busy preparing the best sausages in town. "Yes, yes," he replied, "but we have a small problem with the grill. It won't start."

Helga sighed. "We only have two days until the festival!"

When Saturday morning came, Lillevik was filled with people ready for the festival. Stalls with crafts, food, and games were set up along the small street. Music played from speakers, and the smell of grilled food filled the air.

But there were also problems. The big stage for the bands suddenly collapsed! "What's happening?" Helga shouted. "Is the stage okay?"

Lars, who was in charge of the stage, shook his head. "There's a small technical issue," he said. "But we'll fix it."

The festival began, but soon more problems appeared. First, the carousel lost power. Then the dogs in the dog parade ran off and scattered all over the town!

"We don't have time for this," Helga shouted. "Where are all the volunteers?"

Tom came running with a big grill. "I've got the sausages! But the grill is still out of control."

People laughed and shook their heads. But despite all the problems, the festival had a strange charm.

As evening came, the town was filled with festive lights. People danced to the music, and the food stalls were full of happy people eating and drinking. Even though not everything went as planned, there was a wonderful atmosphere.

Helga sat down on a bench, exhausted but happy. "It's been chaotic," she said to Tom. "But it's been fun."

Tom smiled. "Yes, there's always something that goes wrong. But that's what makes the festival in Lillevik special."

At the end of the evening, everyone gathered in the square. Helga and the other organizers thanked everyone who had helped.

"Next year," Helga said with a smile, "we might have fewer sausages and more volunteers!"

Everyone laughed, and the festival ended with a big fireworks display over the sea. Lillevik had had its best festival, even though it had been full of chaos and laughter.

Minnene fra Maihaugen

En solrik dag i mai bestemte Ingrid seg for å besøke Maihaugen, et friluftsmuseum i Lillehammer. Ingrid var 78 år gammel, og hun elsket å gå på tur, men hun hadde ikke vært på Maihaugen på mange år.

"Jeg husker da jeg var ung, og vi kom hit sammen med familien," sa Ingrid til seg selv mens hun gikk mot inngangen. Hun smilte ved tanken på barndommen.

Ingrid gikk langs de gamle bygningene. Hun så på de små husene, butikkene og skolebygningen som var bygget på gamle tradisjoner. Det var som å gå tilbake i tid. Hun kunne høre barn som lekte, og lukten av nybakt brød fylte luften.

"Så mange minner," sa Ingrid med et sukk. Hun stoppet foran et gammelt hus som lignet på det hun hadde vokst opp i. Hun visste at det ikke var akkurat det samme huset, men det var nært nok til at hun kunne kjenne på gamle følelser.

Ingrid satte seg på en benk ved huset og lukket øynene. Plutselig var hun tilbake i barndommen. Hun husket hvordan hun lekte ute på gården sammen med sine søsken. Det var på en tid da verden føltes enkel og trygg.

"Husker du, mamma?" spurte Ingrid plutselig, som om hennes mor var der med henne. Men hun visste at hun var alene. Mamma var borte for mange år siden.

Hun husket hvordan moren hennes alltid lagde suppe på kjøkkenet og hvordan faren hennes pleide å fortelle historier om gamle dager. Ingrid følte seg som om hun var et barn igjen, og hun ønsket at hun kunne gå tilbake til den tiden.

Ingrid gikk videre til den gamle skolen på museet. Hun hadde gått på en skole som lignet på denne. Hun åpnet døren og gikk inn. Rommet var stille, men hun kunne nesten høre lyden av skoleklokkene og barn som visket.

Hun satt på en gammel skolebenk og så på tavlen. Det var et bilde av den gamle lærerinnen hennes, Fru Dahl, som pleide å undervise i norsk og matematikk. Ingrid smilte.

"Fru Dahl var streng, men snill," tenkte Ingrid. Hun husket de varme sommerdagene da hun og vennene hennes satt ute på skoleplassen og snakket om drømmene deres for fremtiden.

Ingrid satte seg på en benk i hagen og kikket ut over den vakre utsikten. Hun følte seg fredfull. Minnene om barndommen, familien og de gamle tidene fylte hjertet hennes med varme.

"Det har vært et langt liv," sa Ingrid stille. "Så mange minner, så mange mennesker."

Hun hadde hatt sine lykkelige dager, men også vanskelige tider. Hun visste at tiden hadde gått, og at livet hennes var fylt med både gleder og sorger. Men hun følte at minnene hennes var en del av hvem hun var, og de ville alltid være med henne.

Etter en stund reiste Ingrid seg fra benken. Det var på tide å dra hjem. Men før hun gikk, snudde hun seg mot den gamle bygningen en siste gang. "Takk for minnene," sa hun stille til seg selv.

Da hun gikk tilbake mot inngangen, følte hun en ro som hun ikke hadde følt på lenge. Maihaugen hadde gitt henne en vakker reise tilbake i tid, og hun var takknemlig for det.

Memories from Maihaugen

On a sunny day in May, Ingrid decided to visit Maihaugen, an open-air museum in Lillehammer. Ingrid was 78 years old, and she loved hiking, but she hadn't been to Maihaugen in many years.

"I remember when I was young, and we came here with the family," Ingrid said to herself as she walked toward the entrance. She smiled at the thought of her childhood.

Ingrid walked along the old buildings. She looked at the small houses, shops, and the schoolhouse that were built using old traditions. It was like stepping back in time. She could hear children playing, and the smell of freshly baked bread filled the air.

"So many memories," Ingrid sighed. She stopped in front of an old house that looked like the one she grew up in. She knew it wasn't the exact same house, but it was close enough to bring back old feelings.

Ingrid sat down on a bench in front of the house and closed her eyes. Suddenly, she was back in her childhood. She remembered playing outside on the farm with her siblings. It was a time when the world felt simple and safe.

"Do you remember, Mom?" Ingrid asked suddenly, as if her mother were there with her. But she knew she was alone. Mom had passed away many years ago.

She remembered how her mother always made soup in the kitchen and how her father used to tell stories about the old days. Ingrid felt like a child again, and she wished she could go back to that time.

Ingrid moved on to the old school at the museum. She had gone to a school that looked like this one. She opened the door and walked inside. The room was quiet, but she could almost hear the sound of school bells and children whispering.

She sat on an old school bench and looked at the blackboard. There was a picture of her old teacher, Mrs. Dahl, who used to teach Norwegian and math. Ingrid smiled.

"Mrs. Dahl was strict, but kind," Ingrid thought. She remembered the warm summer days when she and her friends sat outside in the schoolyard, talking about their dreams for the future.

Ingrid sat down on a bench in the garden and looked out at the beautiful view. She felt peaceful. The memories of childhood, family, and the old times filled her heart with warmth.

"It has been a long life," Ingrid said quietly. "So many memories, so many people."

She had had her happy days, but also difficult times. She knew that time had passed, and that her life was filled with both joys and sorrows. But she felt that her memories were a part of who she was, and they would always be with her.

After a while, Ingrid stood up from the bench. It was time to go home. But before she left, she turned to look at the old building one last time. "Thank you for the memories," she said quietly to herself.

As she walked back toward the entrance, she felt a peace she hadn't felt in a long time. Maihaugen had given her a beautiful journey back in time, and she was grateful for it.